Prix du cahier :
20 centimes.

SOLFÉGE PRATIQUE

ET

PRINCIPES

DE

CALLIGRAPHIE MUSICALE

EN SIX CAHIERS

PAR

FRANÇOIS SARRE

Professeur de Musique

TROISIÈME ÉDITION

DISPOSITION DE LA MÉTHODE DANS CHAQUE CAHIER :

1° Théorie indispensable (en tête des exercices);
2° Exercices gradués destinés à être lus, chantés ou expliqués, puis recopiés;
3° Théorie complémentaire (2e page de la couverture);
4° Questionnaire musical dont les réponses devront être apprises par cœur (3e page de la couverture).

5me CAHIER

Appartenant à l'Élève 1538

PARIS

SANARD, DERANGEON ET Cie
LIBRAIRES-ÉDITEURS
174, rue Saint-Jacques

HENRY-ABEL SIMON
ÉDITEUR DE MUSIQUE
15 et 17, rue des Martyrs

1886

THÉORIE COMPLÉMENTAIRE

CINQUIÈME CAHIER

Cette partie théorique de la méthode s'adresse surtout au professeur. Elle complète les explications données dans le courant du cahier, en tête des différents exercices. — Chaque cahier devant être recommencé plusieurs fois par la même classe, le maître reviendra souvent sur le même sujet en l'expliquant d'une façon simple et en rapport avec l'âge des élèves. — On ne devra jamais traiter plus d'une question dans chaque leçon. — Il sera toujours très avantageux de faire concorder l'explication théorique avec l'application d'un exercice sur le même sujet. On n'aura pour cela qu'à observer les renvois à la théorie complémentaire que l'on rencontrera dans le courant de l'ouvrage.

Pour l'application générale de la Méthode : lire les Notes de l'Auteur à la fin du premier Cahier.

Dièse. — Bémol. — Bécarre.

L'intonation de toutes les notes de la gamme peut être modifiée par des *signes d'altération* appelés *dièses* et *bémols*.

Le *dièse* hausse d'un demi-ton l'intonation de la note devant laquelle il est placé.

Le *bémol*, au contraire, baisse la note d'un demi-ton.

Le *bécarre* détruit l'effet du dièse et du bémol en rendant naturelle la note altérée.

Armure.

Pour éviter de reproduire trop souvent le dièse ou le bémol dans le courant du morceau, on indique *une fois pour toutes* à côté de la clé ceux de ces signes qui seront nécessaires ; ils constituent l'*armure* et sont appelés pour cette raison signes *constitutifs*.

L'armure peut être composée de un ou plusieurs dièses comme de un ou plusieurs bémols. Exemples :

L'armure de l'exemple 1, composée d'un seul dièse, indique que chaque fois que la note *fa* paraîtra dans la phrase musicale elle sera affectée du dièse. Le bécarre seul pourrait interrompre l'effet de l'altération constitutive.

L'armure de l'exemple 2, composée de trois dièses, indique que les notes *fa, do, sol* seront continuellement diésées.

L'armure de l'exemple 3, composée d'un seul bémol, indique que chaque fois que la note *si* paraîtra dans la phrase elle sera affectée du bémol.

L'armure de l'exemple 4, composée de quatre bémols, indique que les notes *si, mi, la, ré* seront continuellement affectées du bémol.

L'exemple 5 présente une des modifications que le bécarre peut apporter à l'armure qui précède. Trois bémols ont disparu définitivement, le si bémol seul compose la nouvelle armure.

Le signe d'altération est *accidentel* quand on le rencontre accidentellement dans le courant du morceau.

Formation des Gammes.

L'emploi de signes d'altération, produisant le déplacement des demi-tons de la gamme que nous connaissons, occasionnera, pour la même raison, un déplacement dans les fonctions tonales des notes. Il ne faudra donc pas oublier désormais que d'après certaines conditions un son quelconque peut devenir une tonique et que l'ordre invariable des signes d'altération est combiné de telle sorte que quelque soit leur nombre, il restera toujours possible de constituer une gamme sur le modèle de la gamme type de do. Le point de départ seul sera variable.

Nous savons que la gamme de do est composée de deux tétracordes absolument semblables. Exemple :

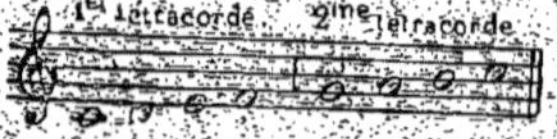

C'est par le déplacement de ces deux tétracordes qu'on découvrira le principe générateur de toutes les autres gammes.

Le déplacement des tétracordes se produit : soit en prenant le second tétracorde d'une gamme connue pour premier tétracorde d'une gamme à établir, soit en prenant le premier tétracorde d'une gamme connue pour second tétracorde d'une gamme à établir.

Génération des Dièses.

Considérons tout d'abord que si le second tétracorde de la gamme de do (sol, la, si, do) est pris pour premier tétracorde d'une gamme nouvelle, la note *sol* par laquelle il commence quittera le rôle de dominante qu'elle avait primitivement pour prendre celui de tonique ; la note *la* deviendra sus-tonique et ainsi de suite pour les autres notes qui termineront la gamme nouvelle.

Ainsi donc, *sol, la, si, do*, devenu premier tétracorde, sera suivi inévitablement des notes *ré, mi, fa, sol*, destinées à former le second tétracorde de la gamme de sol. Exemple :

La gamme a été complétée ; mais le second tétracorde (ré, mi, fa, sol) est-il semblable au premier ?

Nous avons vu précédemment que chaque tétracorde est formé d'une succession de deux tons et un demi-ton. Les notes ré, mi, fa, sol ne sauraient présenter cet ordre, puisque l'intervalle de demi-ton qu'elles contiennent se trouve entre *mi* et *fa*.

Si à l'aide d'un dièse nous élevons d'un demi-ton l'intonation de la note *fa*, cette note s'éloignant du *mi* pour se rapprocher du *sol*, donnera précisément au second tétracorde de la gamme de sol la disposition exigée : deux tons et un demi-ton.

Le *fa* dièse deviendra la sensible du ton de *sol*.

Gamme de SOL établie définitivement.

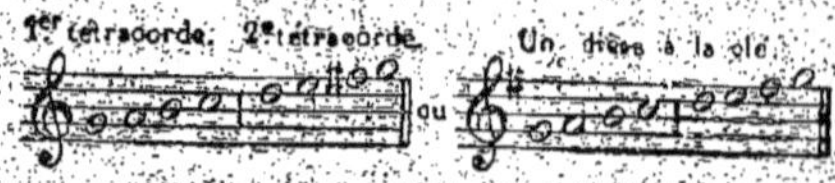

Premier dièse découvert : FA.

Dans le même ordre d'idées, pour former une autre gamme, nous prendrons le second tétracorde de la gamme de sol (*ré, mi, fa* dièse, *sol*) pour premier tétracorde de la gamme nouvelle. Cette gamme sera tout naturellement complétée par les notes *la, si, do, ré*. Exemple :

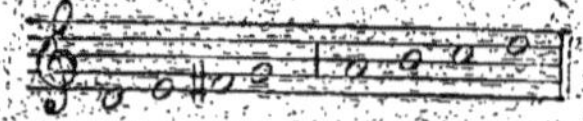

mais comme le demi-ton *si-do* ne saurait subsister, étant nécessaire la similitude des deux tétracordes, le *do* sera élevé d'un demi-ton.

Le *do* dièse deviendra la sensible du ton de *ré*.

Gamme de RÉ établie définitivement.

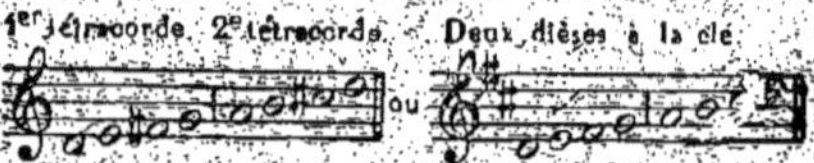

Deuxième dièse découvert : DO.

En poursuivant cette expérience pendant autant de fois qu'il y a de notes dans la gamme, on découvre l'ordre invariable des dièses se succédant en montant de quinte en quinte : *fa, do, sol, ré, la, mi, si* (voir page 1).

Étant donné la marche à suivre, on fera au tableau noir des expériences fréquentes en les poussant aussi loin que possible

DIÈSE (*)

Le *dièse* est un *signe d'altération* qui élève d'un demi-ton l'intonation de la note devant laquelle il est placé.

Ordre invariable des dièses à apprendre par coeur: *Fa, Do, Sol, Ré, La, Mi, Si.*

ÉTUDE DES TONS AVEC DIÈSES

On écrit le dièse à côté de la clé (à la place des notes qui devront être diésées) pour éviter de le reproduire trop souvent dans le courant du morceau. Les *signes d'altération* placés à la clé constituent l'armure. On les appelle, pour cela, *signes constitutifs*. On peut mettre à la clé un ou plusieurs dièses en observant sans cesse l'ordre invariable donné plus haut. (voir la théorie complémentaire).

L'emploi de signes d'altération produisant le déplacement des demis-tons de la gamme que nous connaissons occasionnera pour la même raison un déplacement dans les fonctions tonales des notes. Il ne faudra pas oublier que d'après certaines conditions un son quelconque peut devenir une tonique. En conséquence, on aura soin désormais de préparer l'exécution de chaque exercice par l'établissement de la tonalité comme il est dit à la théorie complémentaire.

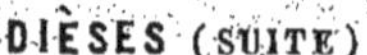
DIÈSES (SUITE)

Ton de sol majeur

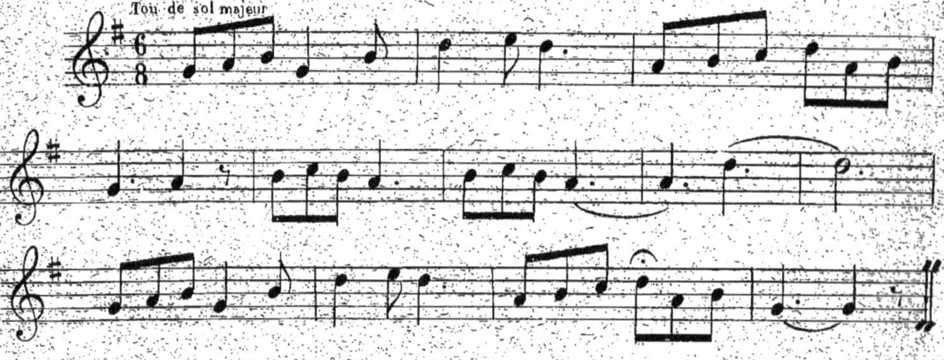
Ton de sol majeur

DIÈSES (SUITE)

CANON

DIÈSES (SUITE)

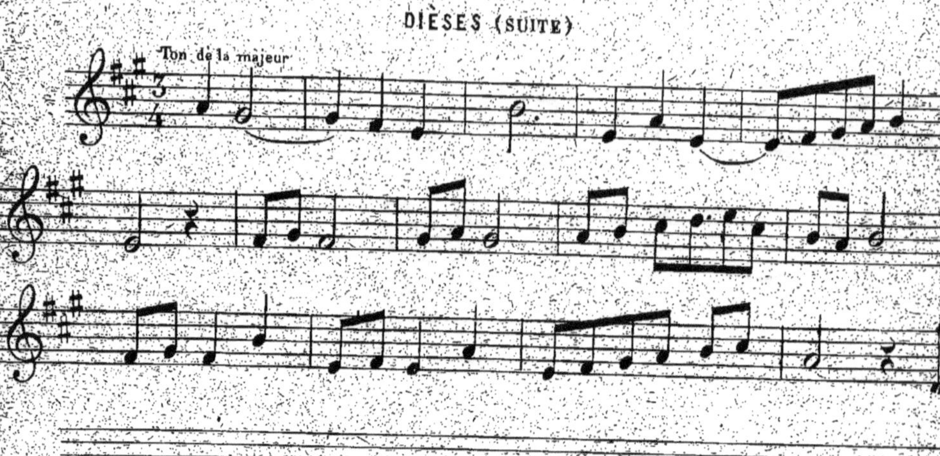

Ton de la majeur

BÉMOL

Le *bémol* est un *signe d'altération* qui baisse d'un demi-ton l'intonation de la note devant laquelle il est placé.

Ordre invariable des bémols à apprendre par cœur: *Si, Mi, La, Ré, Sol, Do, Fa.*

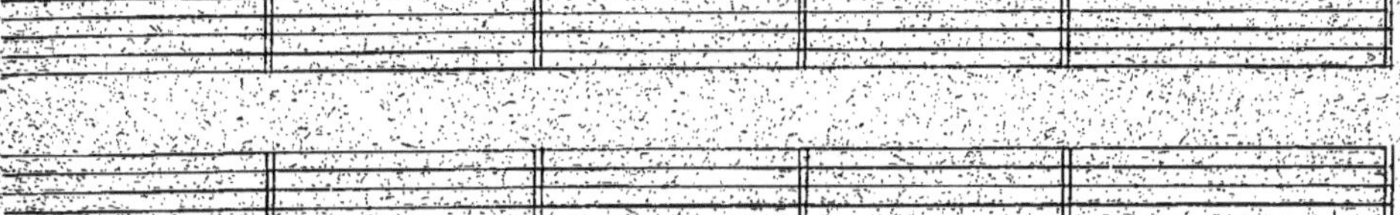

ÉTUDE DES TONS AVEC BÉMOLS

(voir théorie complémentaire)

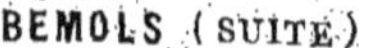

BEMOLS (SUITE)

CANON

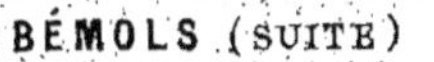

BÉMOLS (SUITE)

CANON

CANON

BÉMOLS (SUITE)

Ton de mi bémol majeur

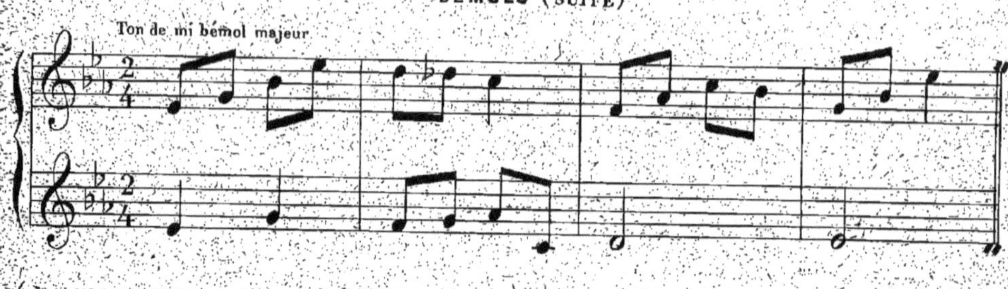

Ton de mi bémol majeur

BÉCARRE

Le *bécarre* détruit l'effet du dièse et du bémol *en rendant naturelle la note altérée devant laquelle il est placé.*

Ce signe s'obtient en 2 traits de plume (1er trait: └ ; 2e trait: ˥)

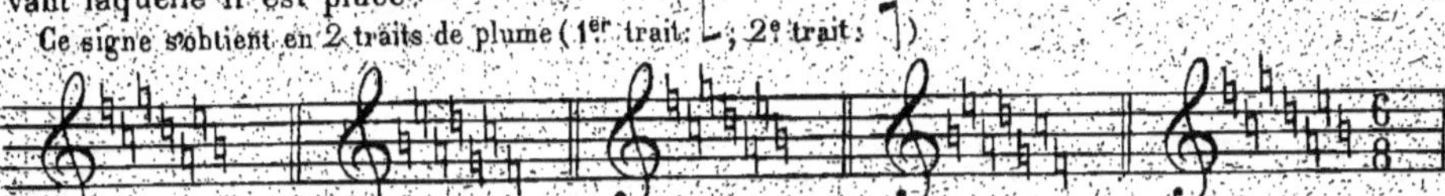

Les bécarres placés à la clé vont dans l'ordre des dièses ou dans l'ordre des bémols selon que l'armure qu'ils ont fait disparaître était formée de dièses ou de bémols.

ÉTUDE DU MODE MINEUR

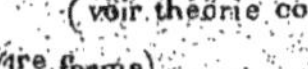

(voir théorie complémentaire)

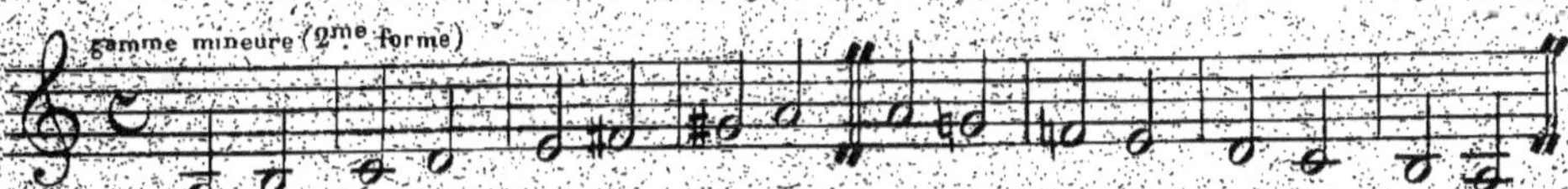

MODE MINEUR (SUITE)

CANON

MODE MINEUR (SUITE)

MODE MINEUR (SUITE)

MODE MINEUR (SUITE)

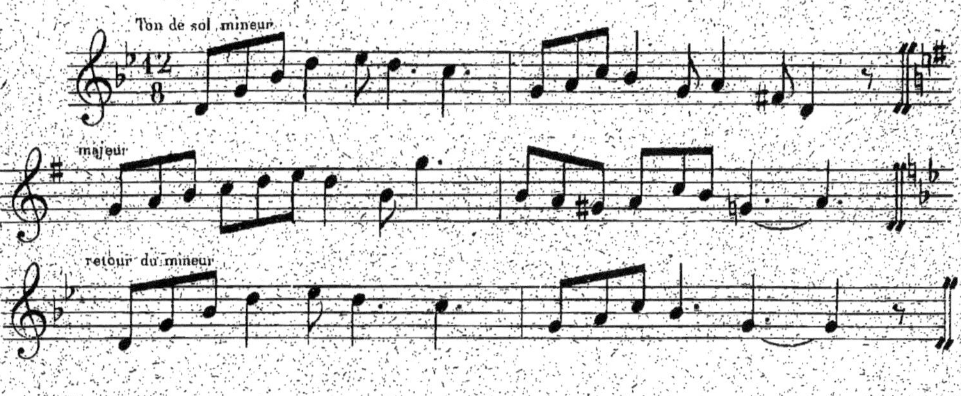

CHANTS AVEC PAROLES (*)

CANON

(*) En se servant de l'écriture qui lui est familière, l'élève devra s'appliquer à bien mettre sous la note la syllabe qui lui correspond. Il serait bon que le maître prescrivît à toute la classe une écriture demandant peu d'espace.

MODULATION

La *modulation* est un *changement de ton* occasionné par des signes d'altération introduits accidentellement dans le courant d'un morceau.

La modulation est *passagère* ou *durable* selon que le ton nouveau doit être bientôt abandonné pour revenir au ton initial ou que, au contraire, le changement de ton est définitif. (voir théorie complementaire).

(*) Tout signe d'altération placé accidentellement devant une note exerce son influence sur cette note chaque fois qu'elle reparaît *dans la même mesure*. Quoique l'effet de l'altération accidentelle ne puisse franchir les limites de la mesure, quand se produit le retour du ton initial, on met un bécarre devant la note primitivement altérée sans se préoccuper de la distance rigoureusement nécessaire.

GENRE CHROMATIQUE

Quand les signes d'altération accidentels se présentent de façon à rendre impossible l'établissement d'une modulation (c'est à dire de toute gamme majeure ou mineure) ils donnent naissance au *genre chromatique*. La gamme chromatique est composée de douze degrés allant par demi-tons.

Le genre chromatique détruisant l'enchaînement naturel des sons du genre diatonique n'est accepté par l'oreille qu'à la condition que sa présence ne sera pas de longue durée (voir théorie complémentaire.)

GAMME CHROMATIQUE ASCENDANTE

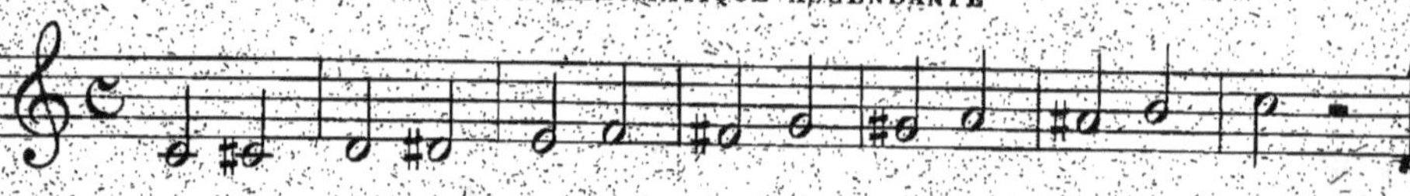

GAMME CHROMATIQUE DESCENDANTE

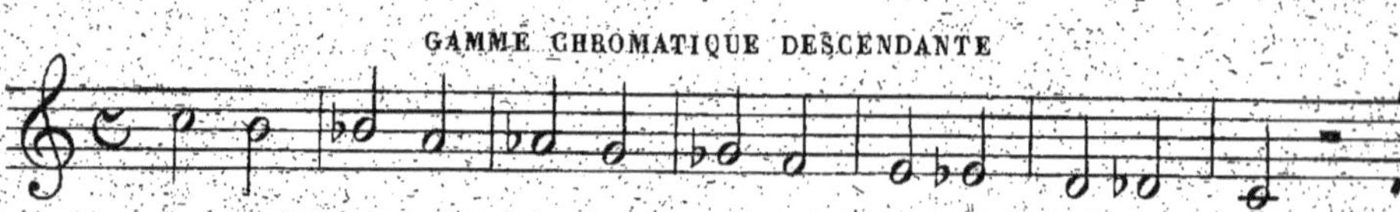

CANON

pour permettre aux élèves de constater eux-mêmes les résultats qui en surgiront.

Il résulte des démonstrations qui précèdent que d'après l'armure des dièses, on trouvera la tonique (point de départ de la gamme nouvelle) en prenant pour sensible le dernier dièse qui est à la clé.

Génération des Bémols.

Si nous prenons maintenant le premier tétracorde de la gamme de do (do, ré, mi, fa) pour second tétracorde d'une gamme nouvelle, le *fa* deviendra la note extrême de cette gamme, c'est-à-dire la tonique. *Fa*-devenu tonique sera donc le point de départ du premier tétracorde que nous cherchons (*fa, sol, la, si*) et qui donnera à la gamme nouvelle cette succession :

En examinant si le tétracorde découvert est bien semblable à celui qui le suit, nous remarquerons tout d'abord que les notes *fa, sol, la si* présentent une succession de trois tons, contrairement à la constitution du tétracorde qui devrait contenir deux tons et un demi-ton ; en second lieu, que l'intervalle de demi-ton (si-do) qui sépare les deux tétracordes ne saurait subsister puisque les deux tétracordes d'une gamme doivent toujours être séparés par l'intervalle d'un ton. Ces deux irrégularités disparaîtront du même coup si à l'aide d'un bémol nous baissons le si d'un demi-ton.

Le si bémol sera la sous-dominante du ton de *fa*.

Gamme de FA établie définitivement.

Premier bémol découvert : SI.

Pour former la gamme suivante, nous prendrons le premier tétracorde de la gamme de *fa* pour second tétracorde : *fa, sol, la*, si bémol. Le si bémol devenant note extrême ou tonique, nous serons amenés à commencer la gamme nouvelle par les notes si bémol, do, ré, mi. Exemple :

Mais comme le premier tétracorde ne se trouverait pas semblable à celui qui le suit et que le demi-ton (mi-fa) qui sépare les deux tétracordes ne saurait subsister, la note *mi* devra être baissée d'un demi-ton.

Le *mi* bémol deviendra la sous-dominante du ton de si bémol.

Gamme de Si bémol établie définitivement.

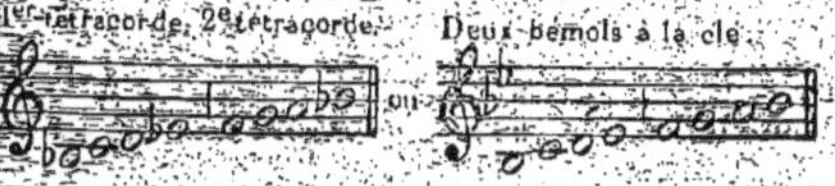

Deuxième bémol découvert : MI.

En poursuivant cette expérience pendant autant de fois qu'il y a de notes dans la gamme on découvre l'ordre invariable des bémols se succédant en montant de quarte en quarte ou en descendant de quinte en quinte : si, *mi, la, ré, sol, do, fa* (voir page 5).

Étant donnée la marche à suivre, on fera au tableau noir des expériences fréquentes comme il a été dit à propos de la génération des dièses.

Il résulte des démonstrations qui précèdent que d'après l'armure des bémols on trouvera la tonique (point de départ de la gamme nouvelle) en prenant pour sous-dominante le dernier bémol qui est à la clé.

Établissement de la Tonalité.

Les moyens donnés pour trouver la tonique d'après les armures en dièses et en bémols serviront au maître pour faire établir par les élèves le *ton* (1) de l'exercice à exécuter. L'établissement d'un ton nouveau se fera dans cet ordre : 1° trouver la tonique ; 2° réciter et chanter la gamme ; 3° appliquer à chaque note sa fonction par tonique, sus-tonique, médiante, etc. ; 4° analyser et chanter l'accord parfait et l'accord de septième de dominante suivi de sa résolution.

Mode majeur. — Mode mineur.

Le mode majeur et le mode mineur constituent la musique moderne. Le caractère bien tranché de ces deux modes permet de les distinguer facilement.

Le mode majeur et le mode mineur sont *relatifs* l'un de l'autre, c'est-à-dire qu'avec la même armure deux gammes sont possibles : la gamme majeure que nous connaissons et la gamme mineure. La sus-dominante du mode majeur sert de point de départ à la gamme mineure ; autrement dit : la gamme mineure s'établit à la distance de tierce inférieure ou de sixte supérieure de la gamme majeure. Exemple :

On remarquera, dans l'exemple qui précède, que l'avant-dernière note de la gamme mineure est affectée d'une altération ascendante. La gamme mineure, pas plus que la gamme majeure, ne saurait se passer d'une sensible. On se rappelle que la sensible et la tonique sont toujours à distance d'un demi-ton ; le *la* devenu tonique ne saurait être précédé du *sol* naturel à cause de l'intervalle d'un ton qui sépare ces deux notes. Le sol dièse devient la sensible de la gamme de *la* mineur.

L'emploi d'une altération indispensable en dehors des règles de l'armure produit entre la sus-dominante et la sensible de la gamme mineure un intervalle de *seconde augmentée* qui contient un ton et demi. Pour faire disparaître la difficulté d'intonation que présente cet intervalle on élève parfois d'un demi-ton la sus-dominante du mode mineur, qui remplit alors le rôle de sous-sensible.

Le radical de l'accord parfait mineur est formé d'une tierce mineure et d'une tierce majeure contrairement à la disposition de l'accord parfait majeur qui contient une tierce majeure et une tierce mineure. Les intervalles qui composent l'accord de septième de dominante sont identiques dans les deux modes (voir, page 9, les deux gammes, l'accord parfait et l'accord de septième de dominante du mode mineur).

En tout cas, on ne saurait distinguer par l'armure si le ton est majeur ou mineur. Ce sera par l'analyse de la phrase qu'on pourra le décider. LE TON MINEUR EST DÉTERMINÉ PAR L'ALTÉRATION ASCENDANTE DE LA DOMINANTE DU TON MAJEUR. Cette note, élevée d'un demi-ton, quitte son rôle primitif de dominante pour devenir la sensible du relatif mineur.

Modulation.

La modulation est un changement de ton occasionné par des signes d'altération introduits accidentellement dans le courant du morceau.

La modulation est passagère ou durable selon que le ton nouveau doit être bientôt abandonné pour revenir au ton initial ou que, au contraire, le changement de ton est définitif.

On module dans les tons voisins : 1° en employant accidentellement le premier dièse ou le premier bémol qu'on pourrait ajouter à l'armure de la clé ; 2° en supprimant accidentellement par un bécarre le dernier signe de l'armure ; 3° en passant d'un ton majeur à son relatif mineur ou d'un ton mineur à son relatif majeur ; 4° en établissant le changement de mode sur la même tonique.

(1) Le mot *ton* a deux significations. Il représente tout d'abord l'intervalle que contient la seconde majeure. On dit aussi qu'on est dans le *ton de sol*, par exemple, quand la note *sol* remplit le rôle de tonique.

[illegible] générale : le dièse accidentel devient la sensible du ton dans lequel on module ; le bémol accidentel devient la sous-dominante ; le bécarre accidentel remplit un de ces deux rôles selon qu'il hausse ou baisse en la rendant naturelle une note déjà altérée par l'armure (voir page 16).

Genre chromatique.

Nous savons que les tons et demi-tons de la gamme diatonique se présentent toujours dans le même ordre malgré les déplacements de la tonique.

Toute altération détruisant l'ordre diatonique appartient au genre chromatique. Les intervalles naturels qui subissent cette altération sont augmentés ou diminués.

L'intervalle augmenté contient un demi-ton de plus que l'intervalle naturel majeur, l'intervalle diminué contient un demi-ton de moins que l'intervalle mineur.

Le renversement de l'intervalle augmenté produit un intervalle diminué. Le renversement de l'intervalle diminué produit un intervalle augmenté.

Le maître donnera, au tableau noir, quelques exemples d'intervalles augmentés et diminués accompagnés de leurs renversements.

La gamme chromatique, dont les degrés vont tous par demi-tons, est donc composée des notes de la gamme diatonique et de ses degrés intermédiaires formant une suite de douze demi-tons (voir page 18).

Le genre chromatique détruisant l'enchaînement naturel des sons, n'est accepté par l'oreille qu'à la condition que sa présence ne sera pas de longue durée.

QUESTIONNAIRE MUSICAL

CINQUIÈME CAHIER

Le *Questionnaire musical* sera, tout à la fois, un résumé de la théorie complète de la musique et une récapitulation qui établira un lien entre tous les degrés de la méthode. Le maître intercalera un des paragraphes de ce *Questionnaire* dans chaque leçon de chant en l'entourant des détails qu'il croira nécessaires. On insistera sur les questions difficiles ou abrégées : 1° En faisant au tableau noir des démonstrations fréquentes ; 2° en faisant concorder le sujet de la récitation avec l'application des exercices de la méthode ; 3° en s'appuyant sur les explications de la *Théorie indispensable* et de la *Théorie complémentaire*.

Les réponses seront apprises par cœur et récitées par les élèves. On n'abandonnera jamais un cahier sans la complète récitation du *Questionnaire*.

I

Qu'est-ce qu'un dièse ?

R. — Le *dièse* est un *signe d'altération* qui hausse d'un demi-ton l'intonation de la note devant laquelle il est placé.

Qu'est-ce qu'un bémol ?

R. — Le *bémol* est un *signe d'altération* qui baisse d'un demi-ton l'intonation de la note devant laquelle il est placé.

Qu'est-ce qu'un bécarre ?

R. — Le *bécarre* est un signe qui détruit l'effet du dièse et du bémol en rendant naturelle la note altérée.

Qu'appelle-t-on armure ?

R. — On appelle *armure* les signes d'altération placés à la clé.

Récitez les sept dièses dans leur ordre invariable.

R. — Fa, do, sol, ré, la, mi, si.

Récitez les sept bémols.

R. — Si, mi, la, ré, sol, do, fa.

Dans quels cas les signes d'altération sont-ils appelés constitutifs ?

R. — Quand ils *constituent* l'armure.

Dans quels cas les signes d'altération sont-ils appelés accidentels ?

R. — Quand ils sont placés *accidentellement* dans le courant du morceau.

II

Comment découvre-t-on le principe générateur de toutes les gammes ?

R. — Par le déplacement des tétracordes.

Quel est le déplacement des tétracordes qui engendre les dièses ?

R. — C'est celui qui consiste à prendre pour premier tétracorde d'une gamme à découvrir le second tétracorde d'une gamme connue.

Comment découvre-t-on la tonique dans les armures en dièses ?

R. — En prenant pour sensible le dernier dièse de l'armure.

Quel est le déplacement des tétracordes qui engendre les bémols ?

R. — C'est celui qui consiste à prendre pour second tétracorde d'une gamme à découvrir le premier tétracorde d'une gamme connue.

Comment découvre-t-on la tonique dans les armures en bémols ?

R. — En prenant pour sous-dominante le dernier bémol de l'armure.

III

Quels sont les deux modes de la gamme dans la musique moderne ?

R. — Le mode majeur et le mode mineur.

En quoi diffèrent ces deux modes ?

R. — Les modes majeur et mineur diffèrent dans la [illegible] des tons et des demi-tons de la gamme.

[illegible]

les tons relatifs quand ils sont dépendants de la même armure. Le sixième degré de la gamme majeure sert de point de départ à la gamme mineure.

Par quoi est déterminé le mode mineur ?

R. — Le mode mineur est déterminé par l'altération ascendante de la dominante du mode majeur qui, par ce fait, devient sensible.

IV

Qu'est-ce qu'une modulation ?

R. — La *modulation* est un changement de ton déterminé par l'emploi accidentel des signes d'altération.

Quel rôle remplit le dièse qui détermine la modulation ?

R. — Le dièse qui détermine la modulation remplit le rôle de sensible.

Quel rôle remplit le bémol qui détermine la modulation ?

R. — Le bémol qui détermine la modulation remplit le rôle de sous-dominante.

Qu'est-ce qu'une gamme diatonique ?

R. — La *gamme diatonique* est celle qui présente la succession des sons dans l'ordre naturel du mode majeur et du mode mineur.

Qu'est-ce qu'une gamme chromatique ?

R. — La *gamme chromatique* est une gamme composée de douze degrés procédant par demi-tons.

A l'aide de quels signes d'altération se forme la gamme chromatique ascendante ?

R. — A l'aide des dièses.

A l'aide de quels signes d'altération se forme la gamme chromatique descendante ?

R. — A l'aide des bémols.

Quels intervalles produisent les notes affectées d'altérations chromatiques ?

R. — Les notes affectées d'altérations chromatiques produisent des intervalles *augmentés* et des intervalles *diminués*.

Que contient l'intervalle augmenté ?

R. — L'intervalle augmenté contient un demi-ton de plus que l'intervalle naturel majeur.

Que contient l'intervalle diminué ?

R. — L'intervalle diminué contient un demi-ton de moins que l'intervalle naturel mineur.

Que produit le renversement de l'intervalle augmenté ?

R. — Le renversement de l'intervalle augmenté produit un intervalle diminué.

Que produit le renversement de l'intervalle diminué ?

R. — Le renversement de l'intervalle diminué produit un intervalle augmenté.

[illegible]

www.ingramcontent.com/pod-product-compliance
Lightning Source LLC
LaVergne TN
LVHW020517230826
846091LV00008BA/3495

* 9 7 8 2 0 1 9 9 9 2 3 8 5 *